AF542132

MÉTHODE

DE LECTURE

Autres Ouvrages du même Auteur.

MÉTHODE DE LECTURE applicable à tous les modes d'enseignement :

SYLLABAIRE, Nouvelle édition. 18 tableaux in-plano. 1 fr. 50 c.

LECTURE COURANTE, complément des Tableaux de la Méthode, 1 vol. grand in-18, cartonné. » fr. 50 c.

COURS ADOPTÉ PAR LA VILLE DE PARIS.

PREMIÈRE ARITHMÉTIQUE USUELLE ET PRATIQUE des classes élémentaires, Cours méthodique en 12 tableaux et 3 livrets.

Prix des 12 tableaux. 1 fr. 25 c.

1er LIVRET. Nombres entiers, numération et opérations. 1 vol. grand in-18, cartonné. » fr. 35 c.

2e LIVRET. Nombres métriques et décimaux, fractions et problèmes. 1 vol. grand in-18, cartonné. » fr. 35 c.

3e LIVRET. Définitions et règles pour les récitations de mémoire. 1 vol. grand in-18, cartonné. » fr. 35 c.

LA DICTÉE mise à la portée des commençants après quelques jours d'étude. Cet ouvrage, que doit puissamment recommander son incontestable utilité dans les écoles et les familles, se compose :

1° De 72 *Devoirs* ou *Exercices préparatoires* contenus dans un petit volume grand in-18, et dont voici le sommaire : Introduction, Exercices analytiques, Exercices orthographiques, Dictées faciles et instructives. Prix, cartonné. » fr. 35 c.

2° D'un *Guide mnémonique*, grand tableau mural, offrant d'un coup d'œil à toute une classe, quelque nombreuse qu'elle soit, ce que les commençants doivent se rappeler et observer à chaque phrase, à chaque mot, en écrivant sous la dictée. Prix en feuilles. 1 fr. 25 c.

Nota. Dans l'enseignement individuel, on peut employer les Exercices sans le Guide.

COURS THÉORIQUE ET PRATIQUE D'ORTHOGRAPHE FRANÇAISE, en 20 leçons; 3e édition. 1 vol. in-18, cartonné. » fr. 50 c.

Paris. — Imprimé par E. Thunot et Ce, rue Racine, 26.

MÉTHODE
DE LECTURE

APPLICABLE

A TOUS LES MODES D'ENSEIGNEMENT

PAR A. LEFÈVRE,
Instituteur communal, Officier d'Académie,
Chevalier de la Légion d'honneur,
Membre de la Commission d'examen d'instruction primaire à Paris.

COURS GRADUÉ

ADOPTÉ PAR LA VILLE DE PARIS.

CINQUIÈME ÉDITION.

SYLLABAIRE.

PARIS,
LIBRAIRIE DE LOUIS COLAS ET Cᵉ
RUE DAUPHINE, 26.

—

1860

Les cinq sections qui composent ce volume sont la reproduction textuelle des dix-huit Tableaux spécialement destinés aux Écoles.

MÉTHODE DE LECTURE

EXPOSÉ.

Ce Cours est divisé en *deux* parties bien distinctes, formant ***huit*** sections ou degrés d'études, savoir :

1re Partie. — SYLLABAIRE. — Tableaux.

Titre, Exposé, Procédés, Remarques (N° 1).
1ère **Section.** — Alphabets, Lettres accentuées (N° 2).
2me **Section.** — Monosyllabes gradués (Nos 3 à 6).
3me **Section.** — Phrases monosyllabiques (Nos 7 à 10).
4me **Section.** — Phrases dissyllabiques (Nos 11 à 14).
5me **Section.** — Phrases polysyllabiques (Nos 15 à 18).

2e Partie.—LECTURE COURANTE.—Livres.

6me **Section.** — Lecture, dans un volume, de tous les exercices précédents.

7me **Section.** — Livre de **Lecture courante** (du même auteur), complément des Tableaux de la Méthode.

8me **Section.** — Livres divers de morale et d'instruction.

PROCÉDÉS.

On lira chaque leçon de deux manières différentes, c'est-à-dire par deux procédés, dans la même séance.

Lettres (N° 2). — 1er **Procédé.** Le Professeur (Maître ou Moniteur), pose la baguette sur une lettre et l'énonce; les élèves la regardent, puis répètent tous à la fois, à un léger battement de la baguette sur la lettre énoncée. On suit d'abord l'ordre alphabétique, puis on lit de haut en bas, de droite à gauche, et de bas en haut.

2me **Procédé.** Chaque élève, à son tour, énonce une lettre différente, montrée par le Professeur. On suit le même ordre qu'au premier procédé.

Mots et Phrases (Nos 3 à 18). — 1er **Procédé.** Le Professeur montre et énonce chaque mot sans le syllaber; tous les élèves à la fois, et en mesure, l'épellent et l'assemblent d'une voix brève, soit seuls, soit, au besoin, avec l'aide du Professeur. (Voir, plus loin, 6me *Remarque*, les avantages de ce procédé.)

2me **Procédé.** Chaque élève, à son tour, épelle ou lit seul un mot différent ou une phrase.

Lecture courante (Livres). — Nous n'indiquons aucun procédé particulier pour la lecture courante. Nous conseillons seulement aux Instituteurs de faire épeler de mémoire, lorsque les élèves les auront lus plusieurs fois, les mots compris dans le paragraphe I (*Valeur des Lettres*) du livre de **Lecture courante** (7me Section).

REMARQUES IMPORTANTES.

1. Deux systèmes de lecture, ou plutôt deux procédés, l'**épellation** et la **non-épellation**, se disputent depuis trop longtemps les suffrages des praticiens, pour qu'ils n'aient pas tous deux de sérieux avantages et de graves inconvénients.

2. On reproche unanimement, et avec raison, aux anciens procédés d'épellation, quels qu'ils soient, d'être impuissants à faire trouver la valeur phonique de la syllabe par l'énonciation des lettres.

3. Fussent-ils même de quelque utilité (chose plus que douteuse !) pour la lecture des mots dont l'orthographe est simple, c'est-à-dire où il n'entre ni lettres muettes ni caractères équivalents, ils sont évidemment illogiques, absurdes même, disons-le, pour les neuf dixièmes des mots français, y compris les plus usuels, tels que : ***front***, ***nez***, ***œil***, ***yeux***, ***mains***, ***pieds***, ***doigts***, etc.

4. Lèvera-t-on la difficulté en rejetant toute épellation? Cela paraît plus logique; mais alors les **syllabes** deviennent **éléments**, et notre langue les compte par ***milliers !....***

5. D'un autre côté, la lecture sans épellation rencontre fatalement dans la pratique cet autre inconvénient, le plus grave de tous, que les élèves répètent, ***sans les regarder***, les syllabes prononcées, au lieu d'analyser des yeux avec soin, de vérifier pour ainsi dire un à un les caractères dont elles se composent, et de bien percevoir l'ordre dans lequel ils sont rangés, vérification indispensable bientôt dans l'étude de l'orthographe.

6. Notre **Procédé d'épellation** concilie tous les

systèmes, réunit tous les avantages, et lève toutes les difficultés. En effet, par ce moyen, il n'y a plus de temps perdu en lents et stériles tâtonnements, plus d'hésitation ni d'erreurs possibles, plus d'impressions ni d'épellation vicieuses!.... Ce procédé, si naturel, si simple, si facile, tout à la fois analytique et synthétique, joint aux avantages réels de l'épellation ceux de la non-épellation. Il nous a permis en outre de réduire notre **Syllabaire** proprement dit à 4 tableaux, uniquement composés de **mots**, et d'aborder immédiatement l'étude des phrases.

7. On remarquera encore que tous les éléments de cet ouvrage, lettres, mots, phrases, sont parfaitement gradués; que l'élève ne lit pas un mot qui ne soit *usuel*, pas une phrase qui n'ait un sens *moral* ou *instructif*; et que, de plus, cette gradation méthodique aide puissamment à la lecture des polysyllabes.

8. En étudiant deux tableaux par semaine, de la 2me à la 5me Section, les élèves pourront être examinés tous les quinze jours, et monter de deux sections par mois. On pourra aussi faire relire de temps en temps les mêmes leçons dans le volume qui les reproduit (6me Section), afin de préparer peu à peu à la lecture dans les livres.

9. Enfin, cette nouvelle édition, entièrement refondue, améliorée et simplifiée, complétée par notre livre de **Lecture courante** (7me Section), et appropriée à l'état actuel des classes élémentaires, résume tous les avantages contenus dans les meilleures méthodes publiées depuis 1700 jusqu'à ce jour.

ALPHABETS.

Minuscules romaines.

a b c d e

f g h i j

k l m n o

p q r s t

u v x y z

w — œ

Lettres accentuées.

Accent aigu.

Accent grave.

à è ù

Accent circonflexe.

â î ê û ô

Tréma.

ï ë ü

Cédille.

ç

Majuscules romaines.

A B C D E

F G H I J

K L M N O

P Q R S T

U V X Y Z

W — OE

MONOSYLLABES A LETTRES SONORES.

—

Mots de deux lettres.

Eu	sa	me	do	tu
ou	ta	ne	Pô	vu
an	va	se	—	═
in	—	te	bu	as
on	dé	—	du	ès
un	né	fi	lu	if
═	ré	mi	mu	il
fa	té	ni	nu	or
la	de	ri	pu	os
ma	je	si	ru	us
n'a	le	—	su	ut

Mots de trois lettres.

feu	pan	non	plu
jeu	tan	d'un	glu
peu	van	l'un	gré
cou	fin	coi	pré
d'où	lin	foi	bru
fou	pin	loi	dru
mou	vin	moi	cru
pou	bon	toi	cri
sou	don	soi	tri
ban	l'on	roi	fui
jan	mon	blé	nui
kan	ton	clé	lui
l'an	son	pli	oui

MONOSYLLABES A LETTRES SONORES.

Mots de trois à cinq Lettres.

Bac, lac, sac, tac, Gad, bal, cal, mal, pal, val, cap, Gap, car, par, Var, fat, mal, gaz.

Pic, tic, Vic, vif, fil, mil, Nil, s'il, vil, tir, bis, vis, rit.

Job, roc, soc, lok, bol, col, fol, mol, sol, vol, coq, cor, d'or, for, l'or, dot.

Duc, Luc, suc, sud, tuf, Zug, nul, dur, fur, mur, pur, sur, arc.

Dieu, lieu, pieu, foui, joui, roui, coin, foin, loin, soin, pion, lion, juin, suin.

Bleu, brou, chou, clou, trou, clan, flan, plan, cran, brin, clin, crin, brun.

Leur, peur, cour, four, jour, pour,

tour, Loir, noir, soir, voir, neuf, veuf, seul, pouf! Toul, bouc, zinc, Mons, poil, soif, juif, suif, cuir, fuir.

Brac, crac, frac, bloc, choc, froc, troc, brut, chut, char, stil, stuc.

Fisc, busc, musc, Marc, parc, turc, lors, Mars, ours, laps, Tarn.

Croup, fleur, stras.

MONOSYLLABES

à lettres muettes ou insonores.

Ban*c*, broc, croc, cric, donc, jonc, marc, blanc, franc, tronc.

Ni*d*, bord, dard, fard, Gard, lard, tard, fond, gond, Gand, nord, rond, gland, grand, blond, lourd, sourd, Cloud.

Fé*e*, fie, lie, mie, nie, pie, vie, mue, nue, pue, rue, sue, tue, vue, oie, grue, joue, joie, noie, soie, voie, prie, suie,

proue, ploie, proie, Troie, croie, pluie, truie.

Sang, rang, long, coing, poing, bourg.

Ah, oh, ha, hé, ho, bah, hic, hoc, loch, Roch, Loth, luth, Ruth, heur, huit, thon, Rhin.

Brick, — soûl, — coup, loup, trop, drap, — Ourcq.

Tu as, bas, cas, gas, las, pas, tas, vas, dés, bis, dis, lis, mis, pis, ris, dos, nos, vos, ars, ils, près, bris, buis, cuis, puis, fuis, suis, clos, bois, fois, mois, sois,

vois, fris, glas, mors, pars, plus, très, pris, sors, dors, tors, nous, vous, sous, sans, Tours, cours, moins, Blois, crois, trois.

Ba*t*, mât, rat, dit, lit, ont, bot, mot, pot, rôt, sot, tôt, art, but, fut, bout, chat, plat, dont, mort, fort, port, flot, goût, moût, mont, soit, nuit, oint, pont, sont, tant, tout, court, plant, joint, point, front, Niort, fruit, bruit.

Eu*x*, deux, faux, flux, noix, voix, roux, doux, toux, prix, creux, Dreux, preux, dieux, mieux, vieux, choux, croix, — riz.

G*u*é, gui, que, qui, quoi, qu'on, qu'un, qu'il, quand, quant, quint.

***E*u, *eue*, *eus*, *eut*, — *h*oue, *h*ou*x*, *h*ors.**

La*cs*, — cou*ds*, mouds, fonds, ponds, tonds, poids, mords, — doi*gt*, vingt, — pou*ls*.

—

MONOSYLLABES
à équivalents usuels.

è = tu es, bec, sec, nef, bel, sel, tel, fer, mer, ver, jet, net, est, des, les, mes, tes, ses, lez, — grec, chef, fief, serf, fiel, miel, quel, fier, lest, zest, guet, sert, perd, perds, legs, mets, Brest, clerc, tiers.

Bai, lai, mai, air, aie, ait, pair, frai, vrai, fais, jais, mais, sais, tais, fait, naît, sait, tait, faix, paix, baie, paie, laie, raie, hais, chair, clair, claie, craie, biais, niais, plais, frais, vrais, plaît, trait.

é = eh, et, bey, dey, nez, rez, chez, pied, sied, clef, — ai, j'ai, gai, quai.

i = d'y, j'y, l'y, m'y, n'y, s'y, t'y, Tyr, yeux, Lyon, le Puy.

ô = au, aux, Pau, Paul, Auch, sauf, Vaud, faut, saut, vaut, baux, Caux, faux, maux, taux, vaux, eau, beau, peau, veau, seau, haut, chaud, chaux, Meaux, veaux, faulx.

eu = œuf, vœu, nœud, cœur, sœur, bœuf, mœurs.

an = dam, camp, champ, — en, m'en, n'en, t'en, s'en, Sens, fend, rend, tend, lent, dent, vent, fends, tends, rends, vends, — temps.

in = faim, daim, — bien, mien, tien, sien, rien, chien, tiens, viens, tient, vient, — Ain, bain, gain, main, pain, sain, tain, vain, grain, plain, vainc, maint, saint,

plains, crains, — Mein, rein, sein, hein, frein, plein, feint, peins, seing.

on = nom, plomb.

se = ce, ci, ça, Cid, cet, ces, c'est, cinq, ceux, scie, ciel, cieux, ceint, scion, sceau, Sceaux, — six, dix, Aix.

je = ci-gît, gent, gens, geai, Gers, Gien, geins.

ke = chœur, Christ.

kse = Ax, ex, Dax.

ye = ail, bail, mail, rail, cil, mil, vieil, Creil, œil, deuil, seuil, treuil.

PHRASES MONOSYLLABIQUES.

1. Il n'y a qu'un seul Dieu.

2. La voix de nos cœurs nous dit qu'il est un Dieu.

3. Dieu a fait tout ce qui est.

4. Dieu dit : Que le jour soit fait !... et le jour fut fait.

5. C'est de Dieu que je tiens tout ce que j'ai.

6. Dieu a l'œil en tous lieux, il voit dans tous les cœurs.

7. Dieu tient en sa main le cœur des rois et de ceux qui sont sous leurs lois.

8. Prie Dieu de bon cœur tous les jours.

9. Rends à Dieu ce que tu

dois à Dieu, et ne prends pas son nom en vain.

10. Le Christ est mort pour nous sur la croix.

11. Sois bon et ne fais point de cas du mal qu'on dit de toi.

12. Tais le mal, mais dis tout haut le bien qu'on t'a fait.

13. Ne fais point le mal, mais fais le bien.

14. Fuis bien loin quand le mal est près de toi.

15. Ne vois que des gens de bien.

16. Ne dis que ce que tu sais.

17. Bats le fer quand il est chaud.

18. Sois bon fils, aie bon cœur.

19. Sois tout à ce que tu fais.

20. Si je fais ce que je peux, je fais ce que je dois.

21. Ne perds pas ton temps, il est d'un trop grand prix.

22. Ne fais rien ni trop tôt ni trop tard.

23. On se tient où l'on est bien.

24. Ne vends pas la peau de l'ours, que tu ne l'aies pris.

25. Rends le bien pour le mal.

26. Fais le bien sur-le-champ, tu n'es pas sûr d'un jour de vie.

27. Qui fait mal aux gens, n'a ni bon cœur ni bon sens.

28. Plains le fou et fuis-le, car il ne sait où il va ni ce qu'il fait.

29. Rien n'est beau que le vrai.

30. **Qui n'a pas de mal a trop de bien.**

31. **Pas à pas on va fort loin.**

32. **Le temps fuit et la mort vient.**

33. **Qui ne sait pas le prix du temps sait bien peu.**

34. **Tout naît, tout se meut, et tout meurt sous les cieux.**

35. **Fais le bien, fuis le mal, car Dieu nous voit.**

36. **Un grand nom n'est rien si l'on n'y joint pas les mœurs.**

37. **C'est de la fleur que vient le fruit.**

38. **Tu crois que tu sais tout, et tu ne sais rien.**

39. **Qui veut trop n'a rien.**

40. **Un bon fils fait la joie de ceux qui l'ont mis au jour.**

SUITE DES PHRASES MONOSYLLABIQUES.

1. On plaît bien plus par le cœur que par les traits.

2. Le jour n'est pas plus pur que le fond d'un bon cœur.

3. Qu'est-ce que la vie du corps si le cœur n'est bon ?

4. La joie du cœur fait les plus beaux jours de la vie, quels que soient les ans que l'on ait, et les lieux où l'on soit.

5. Plus on est sot, plus on est vain.

6. Qui fait le plus fait le moins.

7. Qui ne veut pas quand il peut, ne peut plus quand il veut.

8. On vient à bout de tout dès qu'on le veut bien.

9. Qui joue tout le jour, et ne lit pas de temps en temps, ne sait rien, et ne vaut pas les soins qu'on prend de lui.

10. Je sais que un et deux font trois, deux et trois font cinq, un et cinq font six, deux et cinq font sept, trois et cinq font huit, trois et six font neuf, cinq et cinq font dix, dix et dix font vingt, dix fois dix font cent.

11. Il faut en tout temps que tu sois bon et doux et pour nous et pour tous.

12. Quand il fait froid, on se tient près du feu; quand il fait chaud, on prend le frais dans les bois ou dans les champs.

13. Les jours sont au mois

de mai plus grands qu'au mois de mars; il ne fait ni trop chaud ni trop froid; tous les champs, tous les prés sont en fleurs.

14. Le mois de juin est plus chaud et moins long d'un jour que le mois de mai. C'est en août qu'il fait le plus chaud.

15. Par un beau temps, le ciel est clair et bleu; il est gris quand il pleut; et noir la nuit, quand les jours sont les plus courts.

16. Le pic fend le sol, la faulx tond les prés et les champs; du blé vient le grain, du grain vient le pain.

———

MARC ET SON FILS JACK.

17. **Jack, fils de Marc, est bon, doux et franc; mais le jeu lui plaît trop: il y perd tout son temps. Il ne lit point; il a donc grand tort. Marc lui dit un jour: Mon fils, qui ne sait rien, n'est bon à rien. Ce mot fut droit au cœur de Jack, qui se dit à part lui: Ce bon Marc se fait vieux, le jour vient où il faut que j'aie soin de lui, car il a eu soin de moi. En peu de temps, il lut si bien, et Marc en eut tant de joie que dès lors Jack a pris de tous les gens du bourg où il vit, le beau nom de bon fils!**

DE LASTEYRIE.

SUITE DES PHRASES MONOSYLLABIQUES.

1. Il y a en nous, sous la peau, des os, du sang, des nerfs; mais on ne les voit pas.

2. Le sang va du cœur dans tout le corps. On sent le pouls quand il bat; le cœur bat bien fort quand on a très-bien ou très-mal fait.

3. On voit au haut du corps le front, le nez, les yeux, les cils, les joues, le cou; plus bas que le dos, sont les reins, les pieds et les dix doigts des pieds.

4. Au bout de nos deux bras sont les poings, les deux mains et leurs dix doigts, qui, joints à ceux des pieds, font en tout vingt doigts.

5. **On broie sous les dents, le pain, la chair, tous les mets, tous les fruits, quand ils sont durs.**

6. **Les fruits trop verts ne sont pas bons, et font grand mal; ne prends donc que ceux qui sont bien mûrs.**

7. **On moud le blé, et l'on en fait le pain qui sert tous les jours à la vie du corps; il faut qu'il soit cuit au four.**

8. **Le blé vient dans les champs, où il croît sous l'œil de Dieu.**

9. **Le pain cuit à point, qu'il soit blanc ou bis, vaut mieux que le pain ou trop chaud ou trop cuit.**

10. **Les œufs durs sont moins**

bons et moins sains que les œufs frais peu cuits, dont le blanc n'est pas trop clair.

11. Un peu d'ail dans les mets ne leur nuit point, et plaît fort au goût.

12. Le riz au lait est bien sain et bien bon, si l'on n'en prend pas trop.

13. La chair du bœuf et du veau se vend moins cher que la chair du porc et vaut bien mieux pour le corps.

14. L'eau de pluie ne fait pas mal quand on en boit; l'eau que l'on prend au fond des puits, ne vaut pas l'eau qui sort du sein d'un roc ou du pied d'un mont.

15. Bois peu de vin pur; l'eau

dans le vin le rend moins fort et plus sain. L'eau-de-vie, le rhum, le punch sont trop forts, n'en prends point du tout, car ils font mal.

16. L'or a plus de prix que le fer, le plomb et le zinc; le plomb est moins dur et plus lourd que le fer. On fait à Lyon du drap de soie et d'or.

17. Le bœuf va d'un pas lent, le cerf est vif et doux, le lion fier, l'ours lourd, le loup faux, le rat très-vif : tous ont du poil, mais le ver n'en a point.

SUITE DES PHRASES MONOSYLLABIQUES.

1. C'est Dieu qui fit les cieux, e vent, les mers, les monts, les leurs des champs : il les a faits ɔour nous. Il nous voit tous lu haut des cieux, et de nos :œurs sait tous les vœux.

2. Dieu est grand, Dieu est bon, et sait mieux que nous ce ju'il nous faut. Il ne veut point e mal; tout le bien vient de ui; le mal ne vient que de ıous. Tu lui plais, si tu fais le ɔien, si tu as un bon cœur, si u le crains, si tu le pries tous es jours.

3. Saint Jean, les reins ceints le cuir, les pieds et les bras

nus, prit de l'eau et la mit sur le front du Christ; et la voix de Dieu dit, du haut du ciel : C'est lui qui est mon Fils !

4. En fait de beau, de bon, de bien, on peut plus qu'on ne le croit. Que tu sois brun ou blond, beau ou laid, grand ou non, sois bon, c'est tout ce qu'il faut.

5. Ne mens pas, si tu veux que l'on te croie quand tu dis vrai; et ne dis de ceux qui sont loin de toi que ce que tu en dis quand ils sont près.

6. Qui n'a fait que le bien en sa vie, meurt bien; et l'on dit que sa mort est le soir d'un beau jour.

7. **Paul, ne fais point de mal à ce bon gros chien noir qui fait le guet jour et nuit dans la cour; sa queue, dont il se bat les flancs quand tu viens près de lui, ses yeux, ses sauts, tout en un mot ne te dit-il pas la joie qu'il a de te voir? Mais le chat est moins franc : ne te fie point à son air doux et fin.**

Le Rat et le Chat.

8. **Du fond de son trou, le rat dit un jour au chat : Tu fais du mal à tous les miens; t'en ont-ils fait à toi? Nuit et**

jour tu cours pour qu'un de nous soit ta proie; il vaut bien mieux, crois-moi, que la paix soit en ces lieux. — Bien, fort bien, dit le chat, ce que tu dis là me plaît; ces mots sont pleins de sens, ils me vont au cœur : vois des pleurs dans mes yeux. Sors de ton trou, ne crains rien, je ne veux plus de mal ni à toi ni aux tiens. — A ces mots, le rat, sans peur, se rend près du chat; mais d'un seul bond, le chat le prend et n'en fait qu'un coup de dent.

On n'est qu'un sot,
Quand on croit trop!

(DE LASTEYRIE.)

PHRASES DISSYLLABIQUES.

1. Ne fais pas à un au tre ce que tu ne veux pas qu'on te fas se à toi-mê me.

2. Qui ne se las se point vient à bout de tout.

3. Un coup de lan gue est pi re qu'un coup de lan ce.

4. Dans le bon heur sou viens-toi de tes pa rents.

5. Heu reux qui, dans l'â ge mûr, rend à son pè re et à sa mè re tous les soins qu'il en a re-çus de puis son ber ceau.

6. Il n'y a point de re pos pour l'en vieux.

7. Ce lui qui n'em ploie pas ses ta lents pour le bon heur des au tres est un mé chant hom me.

8. Il n'est jamais trop tard pour faire le bien.

9. L'œil du maître fait plus que ses deux mains.

10. Qui dort trop long-temps ne sera jamais savant.

11. N'attends pas qu'un autre fasse ce que tu peux faire toi-même.

12. Suivez les bons conseils, mon fils, et vous serez bon.

13. Le méchant se nuit à lui-même en voulant nuire aux autres.

14. Si tu fais du mal, attends du mal.

15. Il vaut mieux se taire que de mal parler d'autrui.

16. L'enfant sage fait le bonheur de ses parents.

17. Défends ton ami absent.

18. Un mé tier vaut un fonds de ter re.

19. Est as sez ri che qui ne doit rien.

20. Un bien fait n'est ja mais per du.

21. L'or gueil est pres que tou-jours sui vi de la hon te.

22. Ne rou gis pas du mé tier de ton pè re.

23. Cher chons à nous ren dre meil leurs cha que jour.

24. L'hum ble ne se van te ja-mais ; il est ché ri de tout le mon de.

25. Cha cun dans son é tat de-vrait voir son bon heur.

26. Le vrai sa ge est tou jours con tent de son sort.

27. Le tra vail et l'en nui ne

pas sent ja mais par la mê me por te.

28. Il n'y a pas de jour où l'on ne puis se fai re mieux que la veil le.

29. Ne chan tons ja mais au-près de ceux qui pleu rent.

30. L'hom me le plus ins truit est ce lui qui sait le mieux com bien de cho ses lui res tent à sa voir.

31. Ai mez-vous les uns les au tres com me des frè res.

32. Les bon nes ac tions sont dans no tre vie com me des fi-lons de mé taux pré cieux : u ne fois qu'on a trou vé la mi ne, on veut la sui vre.

33. Dans le dou te abs tiens-toi.

SUITE DES PHRASES DISSYLLABIQUES.

1. Dieu lais sa-t-il ja mais ses en fants au be soin ?

2. Les hom mes sont é gaux, les pau vres sont nos frè res. Il nous faut donc, a mis, ai der no tre pro chain : son gez com-bien de gens n'ont pas mê me de pain !

3. Soy ons hu mains en vers ceux qui sont dans le mal heur, car nous ne sa vons si nous ne se rons pas nous-mê mes un jour com me eux.

4. C'est un jour per du qu'un jour sans tra vail.

5. Au bon heur du pro chain ne por tez point en vie ; pour lui,

pour ses suc cès, fai tes plu tôt des vœux.

6. On ne croit plus ce lui qui men tit u ne fois : lors mê me qu'il dit vrai, on croit tou jours qu'il ment.

7. Nous pou vons per dre tout, mais nos bien faits nous res tent.

8. Le bon heur le plus grand, le plus di gne d'en vie, n'est-ce pas d'ai mer Dieu, de ser vir la pa trie ?

9. Ne vous li ez ja mais qu'a-vec des gens de bien : sa chant qui vous voy ez, on sau ra qui vous ê tes.

10. Voy ons, a vant de nous croi ser les bras, si nous ne pou-vons point ten dre la main à ceux qui sont dans le mal heur.

**11. Si vous fai tes du mal, cha-
cun vous en fe ra; si vous fai tes
du bien, cha cun vous le ren dra.**

12. O toi qui as u ne â me
d'hom me, pour quoi te con-
duis-tu sou vent com me si tu é-
tais un ê tre sans rai son?

13. Du choix de ses a mis, dé-
pend le sort d'un jeu ne homme qui en tre dans le mon de.

14. Fai tes aux hom mes tout
le bien que vous vou lez qu'ils
vous fas sent.

Le Corps et l'Ame.

15. Dieu for ma de ses pro pres
mains le corps de l'hom me,
dont la tê te est le siége de la

pensée, qui fait à son gré mouvoir tous les membres. Il y a dans le corps humain quelque chose qu'on ne peut ni voir ni toucher, et qui en règle les actions : c'est l'AME, souffle divin. C'est elle qui pense, qui veut, cherche, trouve, pèse et choisit ; qui se souvient des choses passées, et prévoit souvent les choses à venir. On ne sait comment elle tient au corps ; mais elle y est unie jusqu'à la mort, et ne meurt point avec lui. En le quittant, elle paraît devant Dieu pour être jugée sur ses vertus et ses vices. « La vertu mène au Ciel, et le vice en enfer. »

SUITE DES PHRASES DISSYLLABIQUES.

1. Fai sons tou jours le bien, quoi qu'il en puis se ê tre; car si les hom mes l'ou blient, Dieu s'en sou vient, et nous en tient comp te.

2. Trop sou vent les hon neurs chan gent les mœurs.

3. Ni l'or ni la gran deur ne nous ren dent heu reux. On n'est ri che ja mais que lors qu'on ne doit rien.

4. L'eau qui tom be gout te à gout te , fi nit par ron ger la pier re.

5. Qui sert bien son pays, n'a pas be soin d'a ïeux.

6. La vai ne gloi re a des fleurs, et n'a point de fruits.

7. Tu vois u ne pail le dans l'œil de ton frè re, et tu ne vois pas la pou tre qui est dans le tien.

8. Qui comp te sans son hô te, comp te deux fois. Ce n'est pas tout de cou rir, il faut par tir de bon ne heu re.

9. Les dia mants ont leur prix; mais un bon con seil n'a pas de prix.

10. Sou vent la peur d'un mal nous jet te dans un pi re.

11. A for ce de pren dre dans la cais se sans y rien met tre, on fi nit par en trou ver le fond.

12. Tu vis... tu dois mou rir! Hom me, voi là ton sort; fais donc ché rir ta vie, et fais pleu-rer ta mort.

13. Il y a des gens qui croient, quand il fait jour, qu'il ne fera jamais nuit; et quand ils sont riches, qu'ils ne seront jamais pauvres.

14. Savoir borner ses vœux, amis, c'est le vrai bien; vouloir jouir de tout, c'est ne jouir de rien.

15. A chacun son métier : l'homme sage et prudent ne fait que ce qu'il sait, et se tient à sa place.

16. Donnez selon vos moyens, beaucoup si vous avez beaucoup, et peu si vous avez peu.

17. Ne jurez ni par le ciel, car c'est le trône de Dieu, ni par la terre, car c'est son marche-pied.

18. Soy ons les en fants de no tre Pè re qui est dans les cieux, qui fait le ver son so leil sur les mé chants com me sur les bons, et fait pleu voir sur les jus tes com me sur les au tres hom mes.

19. Un bon ar bre por te de bons fruits, et un mau vais ar- bre por te de mau vais fruits. Un bon ar bre ne peut por ter de mau vais fruits, ni un mau vais ar bre por ter de bons fruits.

20. Bé ni soit ce lui qui vient au nom du Sei gneur! Heu reux ceux qui ont le cœur pur, car ils ver ront Dieu.

SUITE DES PHRASES DISSYLLABIQUES.

1. Crai gnez moins ceux qui ô tent la vie du corps, et qui ne peu vent fai re mou rir l'â-me, que ceux qui peu vent per-dre tout à la fois et l'â me et le corps.

2. Dieu n'est pas loin de nous; c'est en lui que nous som mes et que nous vi vons. Il en tend no-tre voix, il con naît nos pen sées, il voit nos ac tions.

3. Le Fils de l'hom me doit ve nir dans la gloi re de son Pè re, a vec ses an ges; et a lors il ren-dra à cha cun se lon ses œu vres.

4. La gloi re, l'hon neur et la

paix seront pour tout homme qui fait le bien ; la honte et les tourments pour celui qui fait le mal.

5. Si vous voulez être parfait, disait Jésus, allez, vendez ce que vous avez et le donnez aux pauvres, et vous aurez un trésor dans le ciel ; puis venez, et me suivez.

6. Ceux qui, n'ayant fait que de bonnes œuvres en ce monde, mourront en la grâce de Dieu, seront pour toujours heureux dans le ciel.

7. Le sommeil du méchant est plein de trouble, tandis que l'homme de bien s'endort en paix. Enfants, celui qui vous donne un bon conseil vous ai-

me, et ce lui qui vous flat te ou vous don ne un mau vais con- seil ne vous ai me pas.

De voirs d'un En fant.

8. Mon cher en fant, je suis con tent de vous ! Vous vous ê tes le vé de vous - mê me à l'heu re fi xée par vos pa rents : c'est bien. Il faut a gir ain si tous les ma tins. Quand vous vous se rez la vé et pei gné, vous pri er ez Dieu ; ne man quez ja- mais à ce de voir sa cré, le pre- mier de tous. Pri ez pour vos pa- rents, pour vos a mis, pour vos maî tres, pour tout le mon de....

9. Quel plai sir ne goû tez- vous pas, lors que vos chers pa- rents vous di sent : Nous som mes

contents ! Pensez à chaque instant à tout ce qu'ils font pour vous ; ils vous ont soigné lorsque vous ne saviez ni parler ni marcher ; ce sont eux qui vous ont tout appris. Ne leur devez-vous pas, avec la vie, vos vertus et vos talents, tout ce que vous êtes et tout ce que vous savez ? Ils vous aiment tant ! Après Dieu, aimez-les par-dessus toutes choses, et suivez toujours avec respect leurs conseils.

10. Quand vous serez grand, soyez homme de bien, ayez pitié de ceux qui souffrent, aimez le travail, et ne faites excès de rien. En un mot, faites le bien, rien que le bien, et vous serez béni de Dieu et des hommes.

PHRASES TRISSYLLABIQUES.

1. Jé sus di sait : Lais sez venir à moi les pe tits en fants, et ne les em pê chez point, car le roy au me de Dieu est pour ceux qui leur res sem blent.

2. Jé sus di sait en co re : Vous ai me rez le Sei gneur vo tre Dieu de tout vo tre cœur, de tou te votre â me et de toutes vos forces, et vous ai me rez vo tre prochain com me vous - mê mes. Tou te la loi est dans ces deux pré cep tes.

3. Soy ez bien fai sants à l'exem ple du pè re com mun des hom mes, et ren dez ser vi ce à vos frè res, se lon vo tre pou-

voir. Ne différez pas à donner à celui qui souffre. Celui qui donne au pauvre prête au Seigneur avec intérêt, et le Seigneur lui rendra ce qu'il aura prêté. L'aumône expie le péché.

4. Veillez et priez en tout temps, car vous ne savez ni l'heure ni le moment de votre mort. Ne vous laissez point vaincre par le mal, mais surmontez le mal par le bien. Quoi que vous fassiez en parlant et en agissant, faites toutes choses au nom de notre Seigneur Jésus-Christ, rendant grâce par lui à Dieu le Père.

5. Faites le bien, non-seulement devant les hommes, mais en secret; car Dieu vous voit

toujours, et il n'y a rien de caché qui ne se découvre.

6. Aimez vos ennemis; faites du bien à ceux qui vous haïssent; et priez pour ceux qui vous calomnient... Ne jugez point, et vous ne serez point jugés; ne condamnez point, et vous ne serez point condamnés. Pardonnez, si vous voulez qu'on vous pardonne, car on se servira pour vous de la mesure dont vous vous serez servis envers les autres.

7. Lorsque vous faites l'aumône, que votre main gauche ne sache point ce que fait votre main droite. N'affectez pas de prier beaucoup comme font les païens; mais priez de cette manière :

8. No tre Pè re, qui ê tes aux cieux, que vo tre nom soit sanc-ti fié; que vo tre rè gne ar ri ve; que vo tre vo lon té soit fai te sur la ter re com me au ciel; don nez-nous au jour d'hui no tre pain de cha que jour; par don nez-nous nos of fen ses com me nous par-don nons à ceux qui nous ont of fen sés; ne nous lais sez pas suc com ber à la ten ta tion, mais dé li vrez-nous du mal. Ain si soit-il.

SUITE DES PHRASES TRISSYLLABIQUES.

1. Heu reux ce lui qui craint les re pro ches de sa con scien ce a vant de re dou ter ceux des au-tres.

2. Ne nous con ten tons pas de lou er les gens de bien, i mi-tons-les. Ceux qui ap pren nent les scien ces et ne pra ti quent pas ce qu'el les en sei gnent, res-sem blent à l'hom me qui la-bou re et ne sè me pas.

3. Quand on a fait un pas dans la rou te du bien, le deu-xiè me est fa ci le et ne coû te plus rien. Hâ tons-nous d'ac qué-rir et ta lents et ver tus, car le

temps que l'on perd ne se retrouve plus.

4. O toi qui peux jouir d'un doux sommeil, pense à ceux que la douleur empêche de dormir; ô toi qui marches lestement, aie pitié de ton compagnon qui ne peut te suivre; ô toi qui es opulent, songe à celui que la misère accàble!

5. Ne point avancer dans le chemin de la perfection, c'est reculer : recueille donc comme autant de pierres précieuses les paroles de ceux qui sont un océan de science et de vertus; approche ton oreille quand le sage ouvre la bouche, et hâte-toi, dès aujourd'hui, de t'élever au bien.

CON SEILS SUR LA SAN TÉ.

6. Il faut, pour la san té, de l'air, de la lu miè re et de la cha-leur. L'air qu'on res pi re doit ê tre pur, et, par con sé quent, sou vent chan gé dans les cham-bres. Il est dan ge reux de res pi-rer le soir l'air qui s'ex ha le des prai ries hu mi des; de mar cher pieds nus; de boi re trop frais ou de s'ex po ser à un air froid, lors qu'on est en su eur.

7. Il est dan ge reux aus si de fai re sé cher le lin ge dans les cham bres à cou cher, de s'y chauf fer a vec des bra siers, et d'y con ser ver des fleurs. Les bains tiè des ou froids sont ex-cel lents pour la san té, mais il

ne faut les pren dre que trois ou qua tre heu res a près les re pas; froids, ils doi vent être de cour te du rée, si l'on ne na ge pas.

8. Les bois sons les plus sim-ples sont tou jours les meil leu-res, ain si l'eau doit ê tre pré-fé rée à tou tes les au tres. Le tra vail mo dé ré en tre tient la san té, et for ti fie nos or ga nes. La vez-vous cha que jour le vi-sa ge et les mains. É vi tez la co lè re, car el le peut ê tre sui-vie de gra ves ac ci dents, et mê-me de la mort!

PHRASES POLYSYLLABIQUES.

1. Qui ne fait pas le bien dans la pros pé ri té souf fre beau coup dans la dis grâ ce. Fai tes donc l'au mô ne se lon vos moy ens, si vous vou lez ê tre se cou rus à vo tre tour.

2. Tout dans les mer veil les de l'u ni vers, de puis les as tres les plus res plen dis sants jus-qu'au plus pe tit in sec te, tout nous en sei gne la puis san ce in-fi nie du Cré a teur.

3. Jou is des bien faits de la Pro vi den ce, voi là la sa ges se; fais-en jouir les au tres, voi là la ver tu.

4. Soy ons bons pre miè re-

ment, et puis nous se rons heu-reux. N'ex i geons pas le prix a-vant la vic toi re, ni le sa lai re a vant le tra vail.

5. L'oi si ve té res sem ble à la rouil le, el le u se beau coup plus que le tra vail. Le dé sœu vre ment est le pè re des sou cis. Le jeu nous dé ro be deux ex cel len tes cho ses, le temps et l'ar gent.

6. Le tra vail mè ne à l'ai-san ce, la fru ga li té la con ser-ve, et l'é co no mie l'aug men te. De la tem pé ran ce naît la san-té, de la mo dé ra tion nais sent le cal me et la paix.

7. Ne rou gis pas de ta pau-vre té ; ne t'en or gueil lis pas de tes ri ches ses : pau vre, sois tou-jours di gne ; et ri che, tou jours mo des te.

ABRÉGÉ DE LA LOI DE DIEU.

8. Adore le Seigneur ton Dieu. Ne jure ni par son nom ni autrement. Ne travaille pas le dimanche, c'est le jour du Seigneur. Honore ton père et ta mère. N'ôte la vie ni à toi ni à ton semblable. Ne prends pas, ne désire même pas le bien d'autrui. Ne mens jamais. Sois chaste et pur ; éloigne même de ton cœur toute pensée impure.

RÈGLES DE CONDUITE.

9. Respectez les personnes consacrées à Dieu, et qui vous expliquent la parole divine. Obéissez à vos supérieurs. Ne

vous moquez jamais des malades, ni des infirmes : ils ont droit à vos égards. Remerciez toujours du service qu'on vous rend.

10. Soyez bons et prévenants pour ceux qui vivent avec vous, et polis avec tout le monde, surtout envers les vieillards. Saluez les personnes qui se trouvent où vous entrez. Ne vous mêlez à la conversation que pour répondre aux questions qu'on vous fait, et ne parlez de vous-mêmes qu'avec modestie, ne vous nommant qu'après les autres.

11. Ne tourmentez pas, ne faites pas souffrir les animaux, ce serait un signe de mauvais cœur et de cruauté.

SUITE DES PHRASES POLYSYLLABIQUES.

HYMNE DE L'ENFANT A SON RÉVEIL.

1. O Père qu'adore mon père !
Toi qu'on ne nomme qu'à genoux !
Toi dont le nom terrible et doux
Fait courber le front de ma mère !

2. On dit que ce brillant soleil
N'est qu'un jouet de ta puissance ;
Que sous tes pieds il se balance
Comme une lampe de vermeil.

3. On dit que c'est toi qui fais naître
Les petits oiseaux dans les champs,
Et donnes aux petits enfants
Une âme aussi pour te connaître !

4. On dit que c'est toi qui produis
Les fleurs dont le jardin se pare,
Et que sans toi, toujours avare,
Le jardin n'aurait point de fruits.

5. Aux dons que ta bonté mesure
Tout l'univers est convié;
Nul insecte n'est oublié
A ce festin de la nature.

6. L'agneau broute le serpolet,
La chèvre s'attache au cytise,
La mouche au bord du vase puise
Les blanches gouttes de mon lait.

7. L'alouette à la graine amère
Que laisse échapper le glaneur,
Le passereau suit le vanneur,
Et l'enfant s'attache à sa mère.

8. Et pour obtenir chaque don
Que chaque jour tu fais éclore,
A midi, le soir, à l'aurore,
Que faut-il? Prononcer ton nom!

9. O Dieu! ma bouche balbutie
Ce nom des anges redouté.
Un enfant même est écouté
Dans le chœur qui te glorifie!

10. On dit qu'il aime à recevoir
Les vœux présentés par l'enfance,
A cause de cette innocence
Que nous avons sans le savoir.

11. On dit que leurs humbles louanges
A son oreille montent mieux,
Que les anges peuplent les cieux,
Et que nous ressemblons aux anges.

12. Ah! puisqu'il entend de si loin
Les vœux que notre bouche adresse,
Je veux lui demander sans cesse
Ce dont les autres ont besoin.

13. Mon Dieu, donne l'onde aux fontaines,
Donne la plume aux passereaux,
Et la laine aux petits agneaux,
Et l'ombre et la rosée aux plaines.

14. Donne au malade la santé,
Au mendiant le pain qu'il pleure,
A l'orphelin une demeure,
Au prisonnier la liberté.

15. Donne une famille nombreuse
Au père qui craint le Seigneur,
Donne à moi sagesse et bonheur,
Pour que ma mère soit heureuse !

16. Que je sois bon quoique petit,
Comme cet enfant, dans le temple,
Que chaque matin je contemple
Souriant au pied de mon lit.

17. Mets dans mon âme la justice,
Sur mes lèvres la vérité,
Qu'avec crainte et docilité
Ta parole en mon cœur mûrisse !

18. Et que ma voix s'élève à toi
Comme cette douce fumée
Que balance l'urne embaumée
Dans la main d'enfants comme moi.

FIN.

Imprim par E. THUNOT ET Ce, rue Racine, 26.

www.ingramcontent.com/pod-product-compliance
Lightning Source LLC
LaVergne TN
LVHW020451230826
846091LV00004B/1644

* 9 7 8 2 0 1 3 6 7 4 0 9 6 *